もうこわくない！

なわとび、とび箱、てつぼう、マット運動

監修
株式会社ウィンゲート代表
遠山健太

きみも体育が **4** すきになる

岩崎書店

\\ もうこわくない！//

なわとび、とび箱、てつぼう、マット運動
もくじ

マット運動

－この本の特色－

▶動画で解説を見られる

　動画で解説を見られるものには、コードがついています。スマートフォンやタブレットのカメラでこのコードを写してURLを読みこむと、動画を見ることができます。使い方がわからない人は、大人に聞きましょう。

　　　　　　　※動画を見るためには通信料がかかります。

▶身につく運動能力がわかる

　運動が得意になるために大切な能力を示すマークです。その能力が身につく運動に表示しています。くわしくは1巻の14ページを見てください。

リズム感
リズム感がある

バランス能力
バランスがとれる

きりかえ能力
パッとすばやく動きを切りかえられる

反応能力
合図に対して正しく反応できる

スムーズさ
体ぜんぶをスムーズに動かせる

道具コントロール能力
道具をうまく使える

きょり計算能力
ものとの距離感をつかめる

なわとび

前とびを連続でとべるようになろう

なわとびは、足をきたえたり、道具をうまく使う能力を養うのに役立ちます。まずは、なわに慣れることから始めましょう。

やってみよう

自由になわ遊びをしてなわと仲良くなろう

1　なわをうねらせておもしろい動きをつくる

道具コントロール能力

なわのはしを持って、自由に動かしてみましょう。左右にふるとヘビのように、クルクル回すと新体操のリボンのように見えます。

※まわりの人に、なわが当たらないように十分注意しましょう。

2　なわをジャンプでこえる

きょり計算能力

地面になわを置いて、両足ジャンプでとびこえます。なわをはさんで前後にとんだり、左右にとんだりしてみましょう。できるだけ速く、リズムよく行うといいでしょう。

やってみよう

回したなわをジャンプで とびこえられるかな？

1 足に当たる まで なわを回す

2 ジャンプして なわをこえる

ここがコツ！

ひざは あまり曲げず、 つま先で 軽くとぶ

なわを両手で持ち、体の後ろから前へぐるっと回します。最初はなわをとばず、足に当たったところで止めます。

足で止めていたなわをジャンプでとびこえます。はじめは前にとびこえてもいいですが、慣れてきたら上にジャンプしてとびこえます。下のように少しずつレベルを上げていくと、連続でとべるようになります。

なわとびがむずかしく感じられるのは、ふつうにジャンプするときとは、うでの動きが逆になっているからです。ふつうにジャンプするときには、うでは下から上に動かします。ところが、なわとびでは、なわを回すために、ジャンプするタイミングで、うでを上から下に動かさなければなりません。まず、この動きに慣れる必要があります。

なわとびに慣れていない人におすすめなのが、綿でできたロープタイプのなわです。少し重みがあるので回しやすいし、当たっても痛くないのでこわくありません。

レベル1	1と2をくり返して連続で行う
レベル2	なわが足に当たったらすぐにジャンプ
レベル3	なわが足に当たる前にジャンプ
レベル4	なわを回すスピードを上げて連続でジャンプ

後ろとびや交差とびにも挑戦してみよう

前とびができたら、後ろとびや交差とびに挑戦です。前とびよりなわの操作がむずかしいですが、あせらず少しずつ慣れていきましょう。

やってみよう

後ろに回したなわを見ないでとべるかな？（後ろとび）

後ろとびは、とぶときになわが見えません。まず、なわを回す感覚をつかむことが大切です。回し方さえわかれば、きっととべます。

遊具コントロール能力　リズム感

ここがコツ！

わきをしめて
ひじや
手首で回す

レベル1	足の後ろになわが当たったらジャンプ
レベル2	なわが足の後ろに当たったらすぐにジャンプ
レベル3	なわが足の後ろに当たる前にジャンプ
レベル4	なわを回すスピードを上げて連続でジャンプ

前とびができるのに、後ろとびができなかったら、なわの回し方に注意してみましょう。なわが顔に当たるのがこわくて、つい大きく回してしまう人が多いのです。回す方向だけ逆にして、前とびのときと同じ回し方ができると、とてもとびやすくなります。とぶタイミングは、「回してから、とぶ」という感じになります。なわをジャンプで上げるイメージです。

やってみよう

うでを交差させてなわをとべるかな？（交差とび）

交差とびは、うでの形が大切です。おへその前でうでを交差させて、持ち手が腰の近くになるようにしましょう。持ち手を横に向けると、とびやすくなります。

ここがコツ！

うでを
おへその前で
交差させる

道具コントロール能力

リズム感

レベル1 うでを交差してなわを回す

レベル2 なわが足に当たったらジャンプ

レベル3 なわが足に当たったらすぐにジャンプ

レベル4 なわが足に当たる前にジャンプ

後ろとびや交差とびの練習をすると、なわなどの運動器具を、自分のイメージどおりに動かす能力が身につきます。これはほかの運動を行うときにも役立ちます。

交差とびを行うときには、前とびのときより、なわを少し長めにするか、持ち手が長いものを使うと、やりやすくなります。なわとびに慣れてきたら、そろそろビニール製のなわにかえてもいいでしょう。

もっとできる人はやってみよう！

あやとび

リズム感　道具コントロール能力

前とびと交差とびを交互に行うと「あやとび」になります。ジャンプしたタイミングで動きを切りかえますが、とびながらうでの動きを変えるのは少しむずかしく感じるでしょう。はじめは前とびを３回とんだら１回交差とびをとぶなど、練習方法を工夫してやってみましょう。

二重とびのリズムを体で覚えよう

二重とびは、1回ジャンプをする間に、2回なわを回します。
体をたたいたり、なわだけ回したりしてリズムをつかみましょう。

やってみよう

ジャンプしながら体を2回たたけるかな？

リズム♪

頭

タターン

おなか

ポン
ポン

太もも

なわを回す代わりに、体のいろいろな部分をたたいて、なわを回すリズムをつかみます。まず、1回ジャンプしながら1回、慣れてきたら2回たたきましょう。なわを持つ位置に近い、太ももの部分で2回たたけたら、二重とびのリズムがつかめてきています。

いきなり二重とびに挑戦しても、なかなかうまくいきません。二重とびができるようになるには、リズム感が大切。1回ジャンプする間に、なわを2回回さなければいけないので、そのリズムをまず身につけておきましょう。最初はなわを使わずに体をたたいて、次に片手でなわを回しながら、二重とびのリズムを体で覚えてください。

この練習以外に、前とびを速くとぶ練習もしておきます。10秒間に20回くらいとべるようになったら、二重とびに挑戦してみましょう。

ITの技術でなわとびがうまくなる!?

どうしたらもっとなわとびがうまくなるか、センサーを腰につけてなわとびをするだけで分析できる装置があります。装置がジャンプやバランス、リズムを感知して、ひとりひとりの改善点を分析します。現在は、学校やスポーツ施設などでこの装置を利用できるところも増えてきています。

▼ FUJITSU IoT Solution Social Sports Learning
なわとびセンシングサービス

写真提供：富士通株式会社

やってみよう

ジャンプしながら
片手で2回なわを回せるかな？

2回なわを回す練習をします。回しやすいほうの手でなわの両はしを持ち、ジャンプしながら2回なわを回します。なわを速く回すには、手首で小さく回すことです。片方でできたら、逆の手でもやってみましょう。

ヒュンヒュン

ここがコツ！

小さく円を
かくように
手首で回す

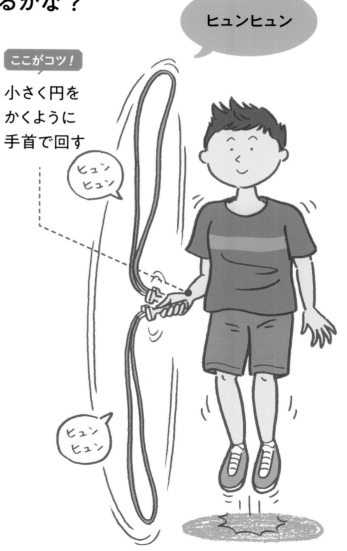

ヒュン
ヒュン

ヒュン
ヒュン

動画でも見てみよう！

このコードを読みこむと「二重とびのリズムを体で覚える」の動画を見ることができます。

二じゅうとびのリズムを体でおぼえる

なわとび

めざせ！
二重（にじゅう）とび連続（れんぞく）5回（かい）

二重とびは、1回は成功（せいこう）できても、連続でとぶのはなかなかむずかしいものです。連続でとぶには、姿勢（しせい）をくずさないことが大切（たいせつ）です。

やってみよう

少（すこ）しずつレベルを上げて
二重（にじゅう）とびを連続（れんぞく）でとべるようになろう

レベル 1

二重とびの速（はや）さで
なわを回（まわ）して
2周目（しゅうめ）は足に引（ひ）っかける

　二重とびの速さで2回なわを回（まわ）しますが、1周目だけなわをとんで、2周目は足になわを当（あ）てるようにして引っかけます。姿勢（しせい）がくずれないように、まっすぐ上にジャンプすることを心（こころ）がけます。足に当たると痛（いた）いので、長（なが）ズボンでやるのがいいでしょう。

レベル 2

とにかく1回二重とびを
とべるようになる

　レベル1ができれば、二重とびまではあと一歩（いっぽ）。2周目のなわが足に当たらないように、少し高（たか）くジャンプしてみましょう。はじめは着地（ちゃくち）で姿勢がくずれてもかまわないので、まずは1回とべるようにやってみましょう。

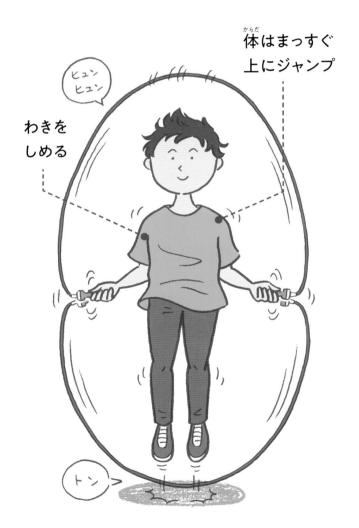

体（からだ）はまっすぐ
上にジャンプ

ヒュン
ヒュン

わきを
しめる

トン♪

連続で二重とびができないのは、二重とびをしたときに姿勢がくずれてしまうからです。なわを速く回そうとしてわきが開いたり、体が「く」の字に曲がったり、ひざが曲がったり……。二重とびのあとに前とびをすると、それらを立て直して、もう1回二重とびができます。

何度もやっていると、だんだん姿勢がくずれなくなり、二重とびを連続でとべるようになります。

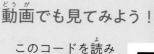

動画でも見てみよう！

このコードを読みこむと「連続で二重とび」の動画を見ることができます。

れんぞくでにじゅうとび

レベル3
二重とびのあとに、すぐ前とびをする

二重とびを1回とんだあとは姿勢がくずれているでしょうから、前とびを何回かとんで姿勢を立て直します。まっすぐの姿勢にもどったら、また二重とびをします。少しずつ前とびの回数を減らしましょう。

（例）

\ 二重とびのあと、3回前とび /

| 二重とび | → | 前とび | → | 前とび | → | 前とび | → | 二重とび | → | ……… |

▼ 慣れてきたら、前とびの回数を減らしていく

\ 2回 /

| 二重とび | → | 前とび | → | 前とび | → | 二重とび | → | ……… |

▼ 慣れてきたら、さらに前とびの回数を減らしていく

\ 1回 /

| 二重とび | → | 前とび | → | 二重とび | → | ……… |

レベル4
二重とびを連続でとぶ

姿勢を保ったまま二重とびがとべていれば、連続でとぶのもむずかしくないはずです。まずは連続5回をめざしてやってみましょう。何度もとんでいると、つかれないとび方が身についてくるので、連続でとべる回数も増えていきます。

これでもう長なわに引っかからない

回転する長なわの中に走りこんでとび、走ってぬける「8の字」は、慣れない人にはむずかしいもの。リズムをつかむことが大切です。

リズム感

きより計算能力

レベル1

なわの動きに合わせて体を動かす

　長なわには、入りやすいタイミングがあります。それは、なわが地面に当たるときです。そのタイミングで走り出せるように、その場で体を動かしてみましょう。なわの動きに合わせて、近くに来たら体を後ろに、遠くへはなれたら体を前に出します。

レベル2

なわをとばずにくぐりぬける

　なわに入るタイミングをつかむために、なわをとばずに走りぬけます。はじめは上下になわを動かしてもらって、なわが上がったときにくぐるだけでも練習になります。走り出したら、止まらず一気にかけぬけましょう。

なわが近づいたら体を引く

なわが遠ざかったら体を前に出す

走り出す合図

なわが下についた音

パチン

なわを回す係になったら

少し地味な役割にも見えますが、実は長なわでいちばん大切なのが回す係。どうやったらとびやすいか、考えてやってみましょう。

たるまない場所に立つ

おなかの位置で持ったときに、地面になわが少しつく距離で立ちます。2人の立つ位置が近いと、なわがたるみ、地面ではねてしまいます。

できるだけ大きく回す

なわはうで全体を使って大きく回しましょう。大きななわの場合は、足を軽く開いてふんばり、上半身全体で引っ張るようにして回します。

レベル3

なわに入って真ん中でとぶ

なわを走りぬけられるようになったら、なわをとんでみましょう。大切なのは、しっかりとなわの真ん中まで入ってからとぶこと。早くとびすぎたり、とぶのがおそくなると、引っかかりやすくなります。

レベル4

とんだあとすぐ回す人の横へぬける

なわをぬけられたら、これで8の字とびはばっちりです。真横にぬけず、なわを回している人の横に向かって走りぬけます。引っかかってしまいそうでこわいですが、とんですぐ走り出せば十分に時間はあります。

なわが下についたら走って中に入る

なわの真ん中でとぶ

回す人の横へぬける

とび箱にとびのれればこわさは克服！

とび箱を前にすると、ぶつかりそうでこわく感じることもあるでしょう。
とびのることに慣れれば、こわさもなくなっていきます。

やってみよう

とび箱の高さのものにとびのれるかな？

とび箱にぶつかってくずれそうだと感じると、なかなか思いきってとびのれません。まずは、同じくらいの高さのものにとびのって、高さに慣れていきましょう。安定したものだと安心してとびのれます。

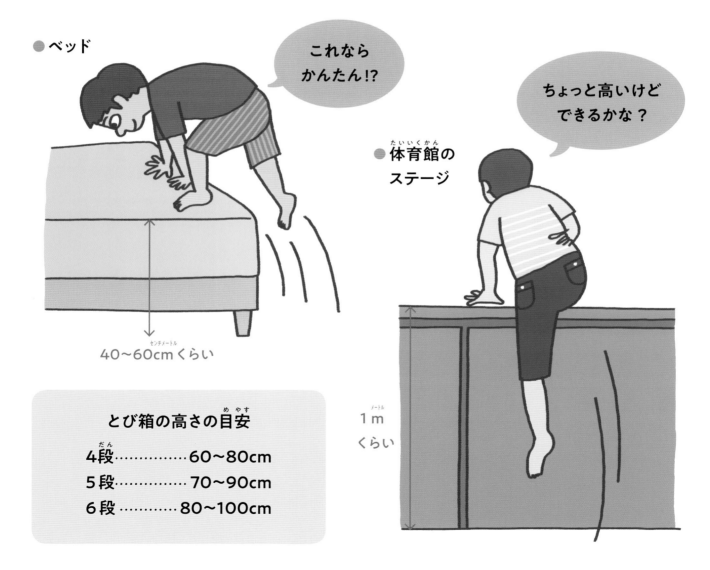

● ベッド

これなら
かんたん!?

40〜60cmくらい

とび箱の高さの目安	
4段	60〜80cm
5段	70〜90cm
6段	80〜100cm

● 体育館の
ステージ

ちょっと高いけど
できるかな？

1m
くらい

とび箱がきらいな人の多くは、「とび箱はこわい」と感じているようです。「とび箱にぶつかりそう」とか、「落ちたら痛そう」などとこわがっていたら、なかなかうまくとべません。いきなりとびこえようとするのではなく、とび箱にとびのることから始めるといいでしょう。

とび箱にとびのるのもこわい場合は、まずこわくないものにとびのる練習から始めます。ベッドやソファなら安定しているのでこわくありません。大人に馬になってもらい、その背中にとびのるのもいいでしょう。少し走ってきて、ポンととびのります。

それができたら、とび箱で練習です。何回もとびのっているうちに、こわさなど感じなくなります。そうしたら次の段階に進み、着地やうでを使ってこえる練習をやっていきましょう。

やってみよう

勢いをつけてふみきってとび箱に座れるかな？

1 軽く走る（助走）

10ｍほど走って、ふみきるための勢いをつけます。ふみきりが調整しやすいように、全速力で走らず、軽く走ります。

2 両足でふみきる

両足をそろえてふみきります。とび箱に近すぎると勢いがなくなって、うまくとべません。また、前に向かってふみきると、とび箱にぶつかってしまいます。

3 とび箱に座る

とび箱に両手をそろえてついて、とび箱に座ります。手はできるだけ遠くにつきます。足をしっかり開いて、座りましょう。

とび箱の高さに慣れよう

とび箱では、着地の仕方も大切です。きちんと着地ができれば、ケガの予防にもなります。遊びながら身につけていきましょう。

やってみよう

高い場所で遊ぼう

高いところで遊んでいると、自然とジャンプしたり、とび下りたりします。着地するときは、ひざを使って勢いをやわらげましょう。

バランス能力　リズム感　スムーズさ　きょり計算能力　道具コントロール能力

アスレチック遊具

のぼって遊ぶうちに、自然とジャンプをしています。地面がウッドチップなどで着地しやすくなっているところでは、思いきって大きくとび下りてみましょう。

うんてい

うんていから手をはなしたときなど、じょうずな着地のいい練習になります。うんていで遊ぶことで上半身の力をつけることもできるので、一石二鳥です。

のぼりぼう

のぼりぼうから下りるとき、自然とひざを曲げて着地しています。うでの力をつけたり、手と足をうまく連動させたりする能力をつけるのにも役立ちます。

馬とび

大人や友だちに前かがみになってもらい（馬になってもらい）、背中に手をついてとびこえます。とび箱の動作に似ているので、とび箱をとぶイメージをつかむのに役立ちます。着地は、ひざを曲げてやさしく下りるようにします。

馬になる人は、とぶ人の足が頭に当たらないように、あごをしっかり引きましょう。

1 とび箱の 上からジャンプ

やってみよう

とび箱の高さから とび下りられるかな？

とび箱の上から軽くとんでゆかに下ります。下りた地面に力をかけるイメージで、両足でしっかり着地します。ひざを曲げて、勢いを吸収しましょう。

2 両足のうら 全体で着地

ここがコツ！

ひざを
やさしく曲げる

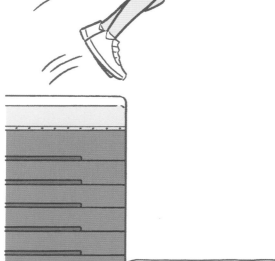

大人の方へ ▶　ある程度の高さからのジャンプは着地のワザの習得のためにも必要ですが、身長以上の高さからのジャンプはやめさせます。室内ではマットをしくなどの対策も大切です。

17

とび箱をこえるカギは
うでで体を支える力

とび箱をこえるには、ジャンプ力だけではむずかしいことも。
うででグッとひと押しすることで、高いとび箱もこえられます。

 やってみよう

カエルジャンプで
前に進めるかな？

 リズム感

1 しゃがんだ状態で
両手を前につく

しゃがんで、両手をそろえて前のほうにつきます。このとき、手は上から「バンッ」と勢いよくつきましょう。

\ バンッ /

2 足で地面をけって
手より前に足をつく

\ ぴょん！ /

手をついた状態で地面をけります。うででで地面を押しながら、体重を後ろから前へ移動させます。大切なのは、頭や肩を前にグイッと出すことです。

ここがコツ！

------ 頭を前に出す

とび箱をとびこえるためには、体を支えるうでの力が必要です。また、とび箱の上でうでをじょうずに使わなければ、うまくとびこえることはできません。ゆかの上や、低いとび箱を使って、うでで体を支えながら、体を前に移動させる感覚をつかんでください。

体を前のほうにうまく移動できない場合は、頭を前に出すようにしてみましょう。そうすることで肩が前に出て、体を移動させやすくなります。これで、もうとびこせるはずです。

やってみよう
うでの力を使って
低いとび箱をとびこえられるかな？

1 とび箱に手をつく

できるだけ
遠いところに手をつく

低いとび箱を横向きに置きます。カエルジャンプと同じように、まず、とび箱に勢いよく手をつきましょう。手はできるだけ遠くにつくようにします。

2 うででとび箱を押してとびこえる

頭と肩を
前に出す

足で地面をけり、うででとび箱を押すようにしてとび箱をとびこえます。足は、とび箱より前に出るようにしましょう。

めざせ！とび箱6段

とび箱に慣れたら、高い段数のとび箱にチャレンジしてみましょう。「ふみきり」「着地」「とびこし」の練習が生きてくるでしょう。

やってみよう

これまでの練習を思い出してとび箱をとべるかな？

とび箱は、助走からふみきり、うでで支えてとびこしたあと、着地するという複数の動作の組み合わせです。ひとつひとつの動きを習得できていれば、高いとび箱もきっととべるはずです。

❶ 助走〜ふみきり

力をぬいて、10mほど走り、ふみきり板の真ん中で、両足をそろえてふみきります。このときは、足のうら全体をつけるというより、足先だけをつける感じです。前にとばず、とび箱に座ったときのように、上にジャンプします。

1段でも
高いとび箱が
とべるようになると、
うれしいね

低いとび箱をとぶことができたら、次は高さへの挑戦です。少しずつとび箱を高くしていきましょう。目標は6段。それがむずかしそうだったら、5段でも4段でもかまいません。

とび箱が高くなっても、とぶときに注意することは、低いときとまったく同じです。ただ、高くとぶ必要があるので、助走を少し速くし、力強くふみきるようにします。

うまくとびこすためには、ふみきったあと、手をとび箱の遠い部分につき、おしりを高く上げるようにします。これまでの練習を思い出しながら、6段に挑戦してみましょう。

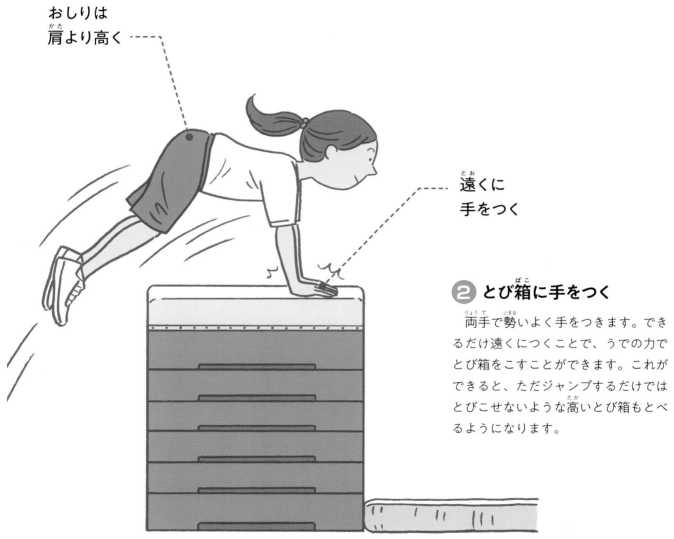

おしりは
肩より高く

遠くに
手をつく

❷ とび箱に手をつく

両手で勢いよく手をつきます。できるだけ遠くにつくことで、うでの力でとび箱をこすことができます。これができると、ただジャンプするだけではとびこせないような高いとび箱もとべるようになります。

❸ とび箱をうでで押して　とびこえる

とび箱を後ろへ突きはなすような感じで、うででグイッと押します。このとき、頭や肩が前に出ていれば、いい姿勢ができています。足は大きく広げましょう。足先までしっかりのばすと、きれいに決まります。

動画でも見てみよう！

このコードを読みこむと、「とび箱」の動画を見ることができます。

頭や肩を前に出す

❹ 着地

とび箱をとびこしたら足を閉じ、両足をそろえて着地します。このとき、ひざはやさしく曲げましょう。目の前のものをつかむイメージでうでを前にもってくると、ピタッと止まりやすくなります。

とび箱の世界記録はいったい何段？

テレビ番組などで、大きなとび箱にチャレンジする企画を見たことがありますか。世界記録のとび箱がどれほど高いか、見てみましょう。

ギネス世界記録は24段（2m95cm）

とび箱のギネス世界記録は、24段で2m95cmあります。高さがわかりづらい人は、家のゆかから天井までの高さを想像してみましょう。それと同じくらいの高さです。この記録は、2011年に日本人によって達成されました。

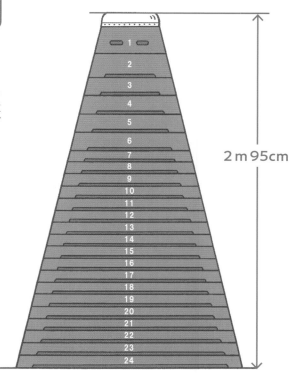

2m95cm

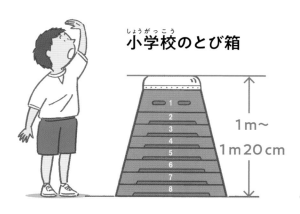

小学校のとび箱

1m〜1m20cm

ここに注目！

特別なふみきり板は使っていない

こんなに大きなとび箱をとぶのだから、ふつうのふみきり板ではなく、トランポリンのような特別なものを使っていると思うかもしれません。しかし、使われているのは、ふつうのふみきり板。いかにジャンプ力があるかが、わかるでしょう。

すごいジャンプ力だね

「ふとんのマネ」で前回りはへっちゃら

てつぼうをこわく感じる理由のひとつが、頭が下になることです。
この動きに慣れれば、てつぼうへの恐怖感はかなりなくなります。

いろいろなものを使って「ふとんのマネ」をしてみよう

ソファーの背もたれで

※ベランダの手すりなど、危険な場所では絶対に行わないでください。

大人の肩で

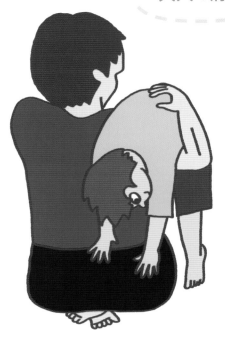

腰から体を曲げて、おなかでぶら下がる「ふとんのマネ」をやってみましょう。頭が下になる動きがにがてな人は、まず安心できるものを使って挑戦します。慣れてきたら、てつぼうでもやってみましょう。

　頭を下にした姿勢をあまり経験していないと、てつぼうで前回りをするのもこわく感じられます。頭が下になるのがこわいのです。そこで、まず頭を下にした姿勢に慣れることから始めましょう。干されたふとんのマネをして、遊びながら頭を下にした姿勢に慣れていきます。そこまでできたら、もうてつぼうの前回りはこわくありません。

「ふとんのマネ」から
前回りができるかな？

てつぼうのにぎり方

親指は下に

**1 ひじをのばして
てつぼうに乗る**

体をまっすぐにして、てつぼうに体を乗せます。ひじをのばして、おなかをてつぼうにつけましょう。こわいと思うと体が緊張するため、ふみ台などを使って足がついた状態から始めます。

**2 体を曲げて
「ふとんのマネ」**

てつぼうに体を乗せられたら、てつぼうをにぎったまま、体を曲げて「ふとんのマネ」の姿勢になります。これで、前回りはできたも同然です。

ひじを曲げる

3 ゆっくり回って足を下ろす

姿勢はそのまま、おへそを見ながらゆっくりと回ります。このとき、ひじを曲げて、てつぼうをしっかりとにぎりましょう。回ったら、おなかに力を入れて、やさしく地面に足を下ろします。

ぶら下がれたら逆上がりへ一歩前進

逆上がりには、うでの力が欠かせません。てつぼうをにぎるだけではなく、体がてつぼうからはなれないように、うでの力が必要です。

やってみよう

タオルつな引きで勝負してみよう

逆見コントロール能力

うでの力は遊びながらつけられます。おすすめは「タオルつな引き」です。長めのタオルを用意して、ひじを曲げながら、2人ではしとはしを引っ張り合います。すもうのような「足が動いたら負け」というルールをつくるのもいいでしょう。

**できるだけ
ひじを曲げる**

逆上がりを成功させるためには、うでを曲げて、てつぼうに体を引きつけておく必要があります。その状態で、足を力強く、てつぼうの真上の方向にふり上げると、クルッと回ることができるのです。これらを一度にやらなければいけないのですから、逆上がりがむずかしいのは当たり前です。すぐにできなくても無理はありません。

まず、ぶら下がった状態でもてつぼうに体を引きつけておけるように、うでの力をきたえましょう。逆上がりに必要となるのは、うでを曲げる力です。うでをのばした状態でてつぼうにぶら下がるだけでなく、うでを曲げて体を引きつけます。

うでを曲げててつぼうにぶら下がれたら、逆上がりの成功に一歩近づいたといえます。

自分の力だけで
てつぼうにぶら下がれるかな?

❶ ぶたの丸やき

ひじを曲げる

てつぼうに
おでこを
くっつけられるかな?

てつぼうを両手でにぎり、足をかけて、ぶら下がります。ジャンプして足をかけるようにすると、逆上がりのけり上げの練習にもなります。ひじを曲げて、てつぼうにおでこをくっつけられたら、うでの力がついてきている証拠です。

❷ ぶら下がりポーズ

**ひじを曲げたまま
5秒間ぶら下がれるかな?**

**あごとてつぼうが
同じ高さに
なるように**

てつぼうを両手でにぎり、ぶら下がります。最初はうでをのばしてもいいので、足が地面につかないようにします。慣れてきたら、あごをてつぼうに近づけるようにして、ひじを曲げます。5秒間がんばってみましょう。

てつぼう　逆上がりのけり上げを練習しよう

逆上がりを成功させるには、足をけり上げる力も必要です。いきなりうまくけり上げられる人は少ないので、まずはゆかで練習しましょう。

やってみよう

ねころびながら頭の上まで足を上げられるかな？

リズム感

キックの目標

1 あおむけにねて片足はのばす

頭の上に「キックの目標」を決めて、そこに向かって、足を上げる練習です。ゆかにふとんなどをしいて、その上にあおむけにねます。上げるほうの足は、まっすぐのばしましょう。

キックの目標

おしりまでしっかり上げる

2 「キックの目標」に向かって片足を上げる

のばしたほうの足を、頭の上の「キックの目標」に向けて思いきり上げます。もう一方の足も続けて上げ、頭の上で足をそろえましょう。おしりをしっかり上げると、実際の逆上がりの感覚に近くなります。

逆上がりでは、足をけり上げます。この力を利用して、体を回転させるのです。うでで体をてつぼうに引きつけていると、回りやすくなります。また、足をうまくけり上げると、うでの力をカバーすることができます。

逆上がりをするときには、てつぼうの真下に片足を置き、けり上げる足を後ろに引きます。この姿勢から、ひじを曲げて体を引きつけたま、後ろの足を勢いよくけり上げます。てつぼうの真上にあるボールをけるつもりでけり上げると、うまくいきます。足が十分に上がらない場合は、太ももを高く上げるスキップをやってみましょう。足を上げる練習になります。

どちらの足をふり上げるかわからない人は、あおむけになり、右足と左足を順番に頭の上までふり上げてみて、やりやすいほうにします。

やってみよう
てつぼうの上にあるボールをキックできるかな？

てつぼうの真上でボールを持ってもらう

ひじはしっかり曲げる

実際にてつぼうで練習するときも、目標があるとやりやすいでしょう。大人や友だちに協力してもらい、てつぼうの真上でボールを持ってもらいます。できない場合は、ボールがあると想像してやってみましょう。

てつぼう

めざせ！
自分の力で逆上がり

うでの力、けり上げる力がついたら、いよいよ逆上がりに挑戦です。
足とうでをうまく連動させることで、勢いよく回ることができます。

やってみよう

かっこよく
逆上がりができるかな？

1 てつぼうをにぎって
かまえる

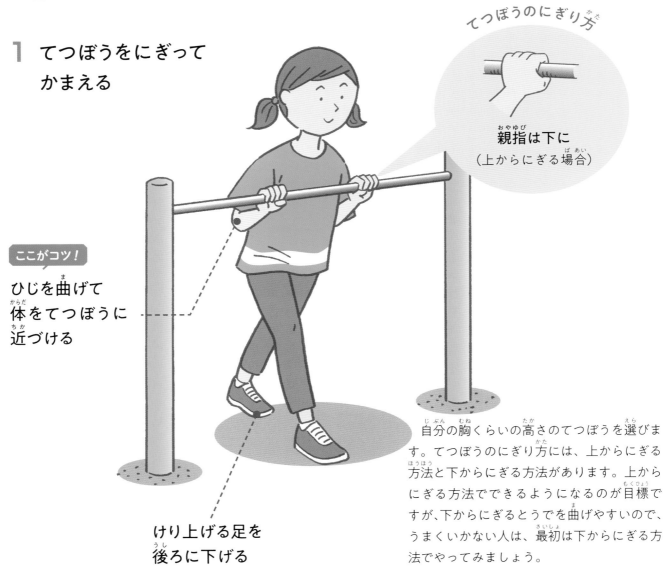

てつぼうのにぎり方

親指は下に
（上からにぎる場合）

ここがコツ！

ひじを曲げて
体をてつぼうに
近づける

けり上げる足を
後ろに下げる

自分の胸くらいの高さのてつぼうを選びま
す。てつぼうのにぎり方には、上からにぎる
方法と下からにぎる方法があります。上から
にぎる方法でできるようになるのが目標で
すが、下からにぎるとうでを曲げやすいので、
うまくいかない人は、最初は下からにぎる方
法でやってみましょう。

ぶら下がった状態でもてつぼうに体を引きつけておけるうでの力があって、てつぼうの真上まで足をけり上げることができるようになったら、もう逆上がりはできるはずです。ここまで練習が進んできたら、いよいよ逆上がりに挑戦してみましょう。

実際に逆上がりを成功させるためには、どこを見ているかも大切です。けり上げる自分の足を見ているといいでしょう。頭が下にきて、足がてつぼうをこえたら、両足をそろえてひざをのばすとうまく回れます。

こんなふうに
なっていないかな？

ひじがのびて
体がてつぼうから
はなれている

2 足をけり上げる

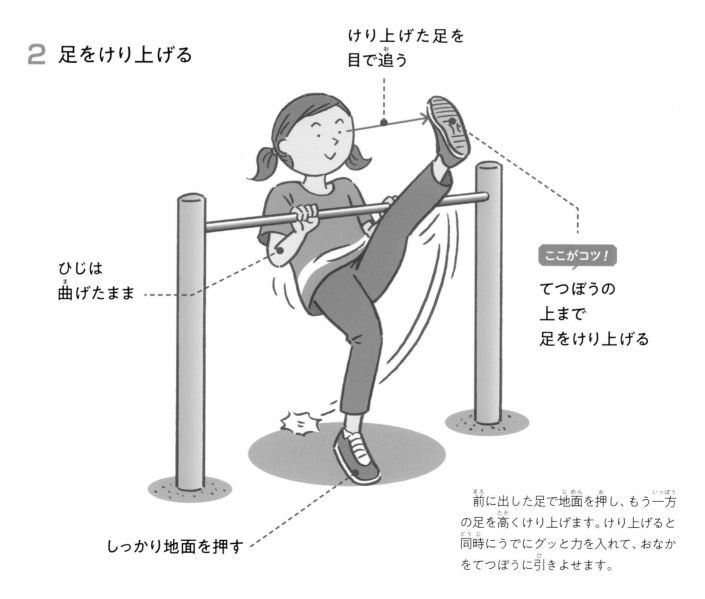

けり上げた足を
目で追う

ひじは
曲げたまま

ここがコツ！

てつぼうの
上まで
足をけり上げる

しっかり地面を押す

前に出した足で地面を押し、もう一方の足を高くけり上げます。けり上げると同時にうでにグッと力を入れて、おなかをてつぼうに引きよせます。

3 足がてつぼうをこえたら そのまま回転する

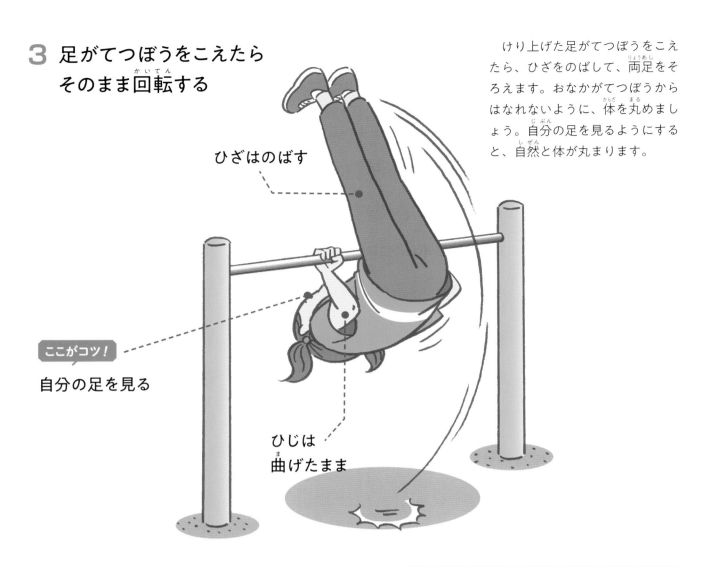

ひざはのばす

けり上げた足がてつぼうをこえたら、ひざをのばして、両足をそろえます。おなかがてつぼうからはなれないように、体を丸めましょう。自分の足を見るようにすると、自然と体が丸まります。

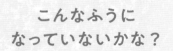
ここがコツ！

自分の足を見る

ひじは
曲げたまま

こんなふうに
なっていないかな？

あごが上がって
体が反ってしまう

動画でも見てみよう！

このコードを読みこむことで「逆上がり」の動画を見ることができます。

さか上がり

ほかのてつぼうの ワザもやってみよう

てつぼうには、上がったり回ったり、たくさんのワザがあります。
逆上がりができるようになったら、いろいろと挑戦してみましょう。

ここがコツ！

かけていない足をのばし、
上下にふって勢いをつける

勢いをつけて上がるワザ！

足かけ上がり

　体をふりこのように動かし、てつぼう
の上に乗るワザです。片足をてつぼうに
かけ、もう一方の足を上下にふって、体
を大きくゆらします。十分に勢いがつい
たら、うでで体を持ち上げます。

前回りの応用ワザ！

連続空中前回り（前方支持回転）

　前回りをしたあと着地せず、連続で回転する
ワザです。頭を前にたおした勢いで回ります。
ひざを曲げて、できるだけてつぼうから体がは
なれないようにしたり、上がるときに手首を返
したりするとうまく回れます。

手をゆかにつく遊びをやってみよう

マット運動が<ruby>上達<rt>じょうたつ</rt></ruby>するためのヒケツは、<ruby>自分<rt>じぶん</rt></ruby>の<ruby>体<rt>からだ</rt></ruby>を<ruby>支<rt>ささ</rt></ruby>えて<ruby>姿勢<rt>しせい</rt></ruby>を<ruby>保<rt>たも</rt></ruby>つ力をつけることです。手をゆかにつく遊びで、力をつけましょう。

やってみよう

「カエルの<ruby>足<rt>あし</rt></ruby><ruby>打<rt>う</rt></ruby>ち」を<ruby>空中<rt>くうちゅう</rt></ruby>で<ruby>何回<rt>なんかい</rt></ruby>できるかな？

バランス<ruby>能力<rt>のうりょく</rt></ruby>

カエルのような<ruby>姿勢<rt>しせい</rt></ruby>で、足のうらを<ruby>打<rt>う</rt></ruby>ち<ruby>合<rt>あ</rt></ruby>わせる遊びです。足が浮いているときに、足のうらをたたき合わせます。できるだけ<ruby>多<rt>おお</rt></ruby>く足のうらをたたいてみましょう。多くたたけた<ruby>分<rt>ぶん</rt></ruby>だけ、<ruby>体<rt>からだ</rt></ruby>を<ruby>支<rt>ささ</rt></ruby>える力がついています。

1 しゃがんだ<ruby>状態<rt>じょうたい</rt></ruby>からゆかに<ruby>両手<rt>りょうて</rt></ruby>をつく

2 ゆかをけって<ruby>両足<rt>りょうあし</rt></ruby>を上げ、足のうらを打ち合わせる

手と手の<ruby>間<rt>あいだ</rt></ruby>を<ruby>見<rt>み</rt></ruby>る

マット運動で必要となるのは、うでの力が十分にあることと、頭を下にした姿勢に慣れていることです。これらが欠けていると、マット運動はじょうずにできないし、すきになれないでしょう。

そこで、マット運動をすきになるためにやってほしいのが、手をゆかにつく遊びです。手をゆかについていると、体の重さをうでで支えることになるので、うでの力が強くなります。また、ゆかに手をつく遊びをすると、頭を下にした動きが多くなるので、逆さまになることに自然と慣れていきます。

この両方の要素がそろっているので、マット運動の準備として最適なのです。

やってみよう
「手押し車」で遊んでみよう

バランス能力

大人や友だちに足を持ってもらい、手だけで進む遊びです。おなかに力を入れて、体がつぶれないようにしましょう。

1 前に進む

手押し車の姿勢ができたら、まずは前進からやってみましょう。1歩1歩手を前に出して進みます。ひじが曲がらないように注意します。

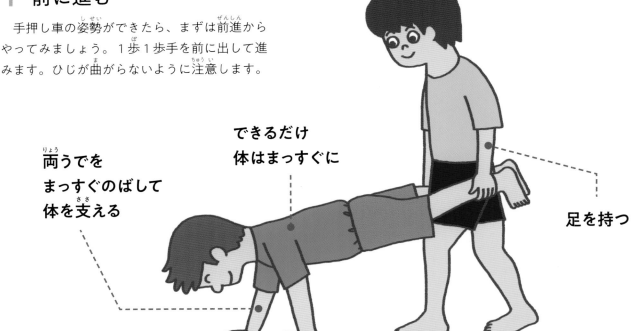

両うでを
まっすぐのばして
体を支える

できるだけ
体はまっすぐに

足を持つ

2 階段をのぼる

体を支えて前に進めるようになったら、階段をのぼってみましょう。平らなところを進むより、さらに力が必要です。

3 手押し車でじゃんけん

手押し車の姿勢のまま、じゃんけんをします。片うでで自分の体を支える力が必要です。できれば、きき手と逆のうででもやってみましょう。

前転・後転ワザをかっこよく決めよう

前転と後転は、マット運動の基本。ボールのように体を小さく丸めて、回転する感覚をつかみましょう。慣れたら開脚ワザに挑戦です。

やってみよう

きれいな前転ができるかな？

なめらかに前転をするには、体を小さく丸めることが大切です。また、手足の左右どちらかだけに力が入ると、きれいにまっすぐ回れません。左右同じくらいの力でできるように意識してみましょう。

開脚前転なら……

頭のてっぺんはつけないように

あごを引く

手は横一直線に

1 中腰から両手をつく

中腰（腰を半分くらいかがめた状態）になります。両手を肩はばに開いて、ゆかにつきます。このとき、あごを引いておくようにしましょう。

2 頭の後ろをつく

頭から回りますが、このとき必ず頭の後ろをつきます。そのためには、あごをしっかりと引くこと。頭のてっぺんをつくと、頭がつかえてうまく回れません。

2のとき足をのばす

1までは前転と同じです。回転し始めたときに、足をのばしておきます。

3のとき足を開く

背中から腰がついたときに、足をパッと左右に大きく開きます。

4のとき 手をついて起きる

回転を生かして、立ち上がります。手を体の近くにつくと、起き上がりやすくなります。

体を小さく丸めた状態を保つ

3 背中、腰の順番につく

背中の丸みを使って回っていきます。このとき、両手でひざをかかえているような感じで、ひざが体からはなれないように注意します。

4 両足で立ち上がる

両足をついて、起き上がります。おなかに力を入れて、かかとをおしりに近づけるようにすると、勢いがついて自然と起き上がれます。

ポイントをつかんで きれいな後転ができるかな？

　進む方向が見えませんが、思いきって回るのが成功のヒケツです。回転しやすいように手で支えることも大切です。後転より、開脚後転のほうがやりやすい人もいるので、どちらも挑戦してみましょう。

開脚後転なら……

1 しゃがんだ状態から 後ろにおしりをつく

　しゃがんだ姿勢になり、両手を耳の横にかまえます。手のひらは上に向けましょう。そこから、勢いをつけて後ろにおしりをついていきます。

2 背中を丸めて 転がる

　体がのびないように、しっかりとおへそを見ます。小さく丸まっていれば、そのままの勢いで転がることができます。

手は耳の横

おへそを見る

手は
指先からつく

動画でも見てみよう！

　このコードを読みこむと「前転」「開脚前転」「後転」「開脚後転」の動画を見ることができます。

前てん

2のとき足をのばす

1までは後転と同じです。回転し始めたときに、足をのばしておきます。

3のとき足を開く

おしりが高く上がったときに、両足を左右に開きます。ひざはのばしたままです。

4のとき 手をついて起きる

足をついて、手の力で起き上がります。勢いあまって、後ろにたおれないように。

おしりが高く上がったところで、手で押す

3 おしりを高く上げていく

おしりを持ち上げて、勢いをつけてぐるっと回転します。おしりが上がったときに、手でゆかを押して、さらに勢いをつけます。

4 体を手で押し上げて立つ

手で勢いをつけて回転したら、そのまま手の力を使って立ち上がります。足をそろえて、つま先からつくようにしましょう。

かべ倒立ができるかな？

倒立というとむずかしく聞こえるかもしれませんが、体重を支える力があればできます。かべをうまく使って、練習してみましょう。

やってみよう

足でかべをよじのぼって倒立の姿勢になれるかな？

1 かべに足をかけてのぼっていく

手を徐々にかべに近づけていく

かべから少しはなれたところでゆかに手をついて、足をかべにつけます。そのまま、足でかべをのぼりながら、手はかべに向かって進むようにして、体をかべに近づけていきます。

2 倒立の姿勢になる

手と手の間を見る

限界までかべをのぼったら、倒立の姿勢になります。手と手の間を見ると、姿勢が安定します。できる人は、かべから足を少しはなしてみましょう。体を支える力をつけるのに役立ちます。

かべを支えにして 倒立ができるかな？

かべに向かって足をふり上げる方法です。補助なしで倒立をするときの動きとほとんど同じです。どのくらいの力かげんで足をふり上げればいいか、体で覚えることができます。

1 両手を上げてかまえる

かべから少しはなれたところに立ち、足を前後に開きます。ふり下ろすことで勢いがつくので、両手は上げておきます。

2 手をついて足を上げる

前にふみ出しながら、両手をかべの近くにつきます。このとき、手と手の間を見ましょう。ゆかを思いきりけって、片足をふり上げます。

3 足をまっすぐのばす

片足をふり上げたら、両足をそろえてかかとをかべにつけます。体を一直線にすると、姿勢が安定します。

※マットなどの上で行いましょう。

倒立はこわいし、最初はむずかしく感じられるかもしれません。やさしい方法から順に練習していきましょう。かべ倒立ができるようになると、側転など回転する種目を身につけるときにも役立ちます。側転でも、回転するときに倒立した姿勢になる瞬間があるからです。かべ倒立ができたら、足をかべから少しはなして、補助なし倒立の練習をしてみましょう。

アクロバットの
ワザに挑戦！

かっこよく側転を決めている人を見ると、自分も「やってみたい」と思いませんか。かべ倒立ができる人は、挑戦してみましょう。

やってみよう
側転を
かっこよくできるかな？

側転をかっこよく決めるのに大切なのは、大きく回ること。かべ倒立ができることも必要です。

また、アクロバットワザのロンダートは、側転の動きを少し変えるとできるようになります。

横一直線になるように手をつく

1 両手を上げてかまえる

正面を向いて足を前後に開き、勢いをつけやすくします。また両手を上げ、ふり下ろすようにすると、さらに勢いがつきます。

2 体をひねってゆかに手をつく

体をひねるようにしてゆかに手をつき、足をけり上げます。できるだけ大きな動きをすることを心がけましょう。ゆかをしっかり見ます。

3のとき
足をそろえる

倒立の姿勢になった
とき、側転では足を大
きく開きましたが、ロ
ンダートでは足を閉じ
てそろえます。

4のとき
横にひねる

足をそろえたまま、
体を少しひねり、背中
を進行方向へ向けます。
最後に両手でゆかを
押して、立ちます。

ロンダートなら……

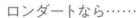

ひざをのばす

手と手の
間を見る

3 足を開いて倒立の姿勢に

足で大きく円をかくように回ります。とちゅう
で、足を開いた倒立の姿勢になることを意識しま
しょう。うまくできていると、肩の上に体重が乗
っている感覚があります。

4 大きく回って立つ

足がてっぺんをこえたら、そのまま大きく回り、
手でゆかを押すようにして立ち上がります。最後
まで体をのばしておくと、きれいです。

※マットなどの上で行いましょう。

側転の動きに慣れよう

側転の動きは複雑なので、まず動きに慣れていきましょう。ゆかに手をついて、両足で横にとぶ動きです。小さくジャンプできるようになったら、だんだん足を上げる高さを上げていきましょう。

レベル
1
手をついて両手で横にジャンプする

レベル
2
台をとびこすようにジャンプする

まめちしき

みんなの前で緊張せずに演技するには？

「緊張してきたな」と思ったら、まず緊張をはき出す感じで深呼吸をくり返しましょう。次に、手をギュッと5秒間にぎり、10秒かけて手の力をぬきます。力がぬける感じがわかるでしょうか。足や肩、顔でもやってみましょう。

緊張は消そうとすると、かえって消えません。うまくできた自分をくり返し想像しながら「緊張して当たり前」と自分に言い聞かせて、緊張を受け入れます。

しかし緊張すると、この対処法も忘れてしまうもの。前日や当日の朝から「発表の前はこうする」と考えておいて、緊張する前に実践します。これで緊張せず、自分の力を発揮できるはずです。

体操競技の大会を見てみよう

マット運動やてつぼう、とび箱は、体操競技のひとつ。
選手を見て、すばらしい演技とはどういうものか研究してみましょう。

男子の種目

ゆか、あん馬、つり輪、跳馬、平行ぼう、てつぼうの全部で6種目です。力強く、ダイナミックなワザが見られます。

女子の種目

ゆか、段ちがい平行ぼう、平均台、跳馬の4種目です。優雅で美しいワザが多いのが特徴です。

体操競技の基本ルール

・ワザのむずかしさを示す"Dスコア"と、ワザのできばえを示す"Eスコア"の合計で競う

・団体戦ではチームですべての演技をして合計得点を競う

・個人では、ひとりで全種目を行う"個人総合"と1種目だけを競う"種目別"がある

ここに注目！

選手の得意種目

体操競技は、種目ごとに使う筋肉がちがうため、選手によって得意種目はいろいろです。「団体」や「個人総合」では、得意種目で一気に得点をのばすこともあるので、どれが選手の得意種目か考えると、より楽しく観戦ができるでしょう。

全巻共通さくいん

さくいんの見方　③ 40 …… 第 3 巻の 40 ページ。

●監修

遠山健太（とおやま・けんた）

株式会社ウィンゲート代表、一般社団法人健康ニッポン代表理事。
1974 年アメリカ・ニューヨーク州生まれ。ワシントン州立大学教育学部卒業。東海大学男子バスケットボール部フィジカルコーチ、国立スポーツ科学センタートレーニング指導員（非常勤）、全日本スキー連盟フリースタイルチームフィジカルコーチなどを歴任。子どもの運動教室「ウィンゲートキッズ」「リトルアスリートクラブ」の運営のほか、保護者や小学校の教員向けの特別講演なども行う。著書に『スポーツ子育て論』（アスキー新書）など多数。

●取材協力　　　P44 コラム　村上貴聡（東京理科大学 教授）
●動画撮影協力　　山田義基（株式会社ウィンゲート）
●参考文献
湯浅景元監修『運動が得意になる！　体育のコツ絵事典　かけっこから鉄ぼう・球技まで』（PHP 研究所）
遠山健太著『運動できる子、できない子は 6 歳までに決まる！』（PHP 研究所）
文部科学省『小学校体育（運動領域）まるわかりハンドブック』
米田 功監修『体育のにがてを克服！　小学生の運動　上達のコツ 50』（メイツ出版）
平尾 剛監修『たのしいうんどう』（朝日新聞出版）
藤沢祥太朗監修『なわとび・みんなでとべる！　集団技をマスターしよう』（河出書房新社）
遠山健太著『わが子の運動神経がどんどんよくなる本』（学研プラス）

デザイン	OKAPPA DESIGN	動画撮影・編集	柴泉 寛、殿村忠博
イラスト	たけなみゆうこ、中村知史	編集協力	オフィス 201（新保寛子、山田理絵）、柄川昭彦
校正	渡邉郁夫		

きみも体育がすきになる④
もうこわくない！　なわとび、とび箱、てつぼう、マット運動

2020 年 11 月 30 日 第 1 刷発行

監修	遠山健太
発行者	岩崎弘明
発行所	株式会社岩崎書店
	〒 112-0005　東京都文京区水道 1-9-2
印刷所	三美印刷株式会社
製本所	大村製本株式会社
電話	03-3812-9131（営業）　03-3813-5526（編集）
振替	00170-5-96822

NDC780
48p　29cm × 22cm
Published by IWASAKI Publishing Co.,Ltd. Printed in Japan
©2020 Office201
ISBN978-4-265-08824-9

きみも体育がすきになる 全4巻

監修 遠山健太

1 遊びながら身につける | 運動の基本、ストレッチ

2 初めてでもできる！ | ダンス、球技

3 もっと速くもっと遠く！ | 走る、泳ぐ

4 もうこわくない！ | なわとび、とび箱、てつぼう、マット運動

岩崎書店